MÉTAPHYSIQUE ET MYSTICISME.

Philosophie spiritualiste, historique, scientifique, morale, religieuse, céleste et terrestre, humaine et divine, physique et intellectuelle, naturelle et surnaturelle.

AUTOBIOGRAPHIE.

SITUATION DE L'AUTEUR DU GERMANISME.

SON PASSÉ, SON PRÉSENT ET SON AVENIR

CEUX QU'IL AIME ET CEUX QU'IL PLAINT;

ANALYSE;

PAR

Antoine GERMA.

> Quand, dans la marche spirituelle, on part d'un principe de vie sage, heureux et riche par pensée, pour revenir à ce même principe de vie par écrits, ou par paroles, ou par actions, et qu'on y revient, on ne s'égare point.
>
> A. GERMA.

TOULOUSE
IMPRIMERIE A. CHAUVIN ET FILS
3, RUE MIREPOIX, 3

1872

Nous avons eu le bon ange Moïse de l'Afrique, unique en son genre; nous avons eu le bon ange Jésus de l'Asie, unique en son genre; voici le bon ange GERMA de l'Europe, unique en son genre, sans grade universitaire ni scolaire quelconque, écrivant, sous inspiration

progressive, la découverte de la doctrine germaniste ou de l'enseignement supérieur naturel, éternel et universel de Dieu, notre bon, savant, invisible et impalpable Père, *Eternel créateur, conservateur* et *destructeur* de toutes ses créatures, soit matérielles, soit spirituelles, les unes et les autres *vivant temporellement* et *mourant à tout âge*, sur un point quelconque, dans son immensité qui nous étonne, nous ravit et nous fait réfléchir.

Imp. A. Chauvin et fils.

Célibataire, dont la tête et le cœur, persévérant dans le vrai, beau et bien, sont sains, calmes, sages, patients, humbles, soumis et résignés –

Germa

MÉTAPHYSIQUE ET MYSTICISME.

Philosophie spiritualiste, historique, scientifique, morale, religieuse, céleste et terrestre, humaine et divine, physique et intellectuelle, naturelle et surnaturelle.

AUTOBIOGRAPHIE.

SITUATION DE L'AUTEUR DU GERMANISME.

SON PASSÉ, SON PRÉSENT ET SON AVENIR ;

CEUX QU'IL AIME ET CEUX QU'IL PLAINT ;

ANALYSE ;

PAR

Antoine GERMA.

> Quand, dans la marche spirituelle, on part d'un principe de vie sage, heureux et riche par pensée, pour revenir à ce même principe de vie par écrits, ou par paroles, ou par actions, et qu'on y revient, on ne s'égare point.
>
> A. GERMA.

—◦◦§◦◦—

TOULOUSE
IMPRIMERIE A. CHAUVIN ET FILS
3, RUE MIREPOIX, 3

1872

PROPRIÉTÉ.

L'Auteur ~~et l'Editeur~~ se réservent le droit de traduction et de reproduction.

LE PASSÉ ET LE PRÉSENT

DE

L'AUTEUR DU GERMANISME.

ANALYSE.

> Quel est cet auteur du Germanisme qui prend ses repas dans une auberge tenue par sa pauvre sœur l'aînée, à laquelle on n'a rien, que je sache, à reprocher (1)?

Il est incontestable, à l'heure qu'il est, toujours d'après ma conviction, que la vie de l'homme fait à l'image de Dieu, ~~en corps et en esprit~~, est éternelle et universelle, quoique l'homme meure à tout âge; et il est certain, par suite, que l'humanité différant par les tailles, les corpulences, les teints, les physiques et les formes, et dont je fais partie en corps et en esprit, n'a jamais quitté la planète qui la porte depuis la naissance de celle-ci, et qu'ensemble avec notre planète, le corps atmosphérique, le corps minéral, le corps végétal, le corps animal et le corps au double sein de l'humanité, se trouvaient en germes

---

(1) Un philosophe. (Voir la *Religion naturelle* dans Jules Simon, p. 404 et suivantes.)

— 4 —

dans les grands seins l'un matériel et l'autre spirituel de Dieu (voie lactée, ou ~~sein matériel~~ de Dieu — ~~grand~~ ~~spirituel~~ situé à des milliards de lieues au-dessus de la voie lactée,) ~~ou tête, ou cervelle de Dieu)~~, avant la conception, la fécondation, la gestation et le jet de notre planète à l'endroit où elle se meut actuellement sur son axe imaginé, d'occident en orient (de droite à gauche), en vingt-quatre heures (1).

Né du sein d'une femme qui n'était ni vierge ni immaculée (car déjà, de ce sein, il était sorti huit enfants bien formés avant ma naissance), j'étais, en naissant, complètement nu de corps et d'esprit, innocent et vierge tant du bassin que de la tête ; j'étais sans langage, sans pensée, sans foi, sans loi, sans usage, sans mœurs, sans croyance, sans métier, sans art, sans bel art, sans science. En ce moment, les péchés, les crimes, les délits, les contraventions, le purgatoire, l'enfer, la guillotine, la potence, les bagnes, la déportation, la réclusion, la prison et l'amende, *n'existaient point pour moi, comme ces maudits endroits n'existeront plus quand l'humanité tout entière sera arrivée à l'intelligence totale, étant partie de l'ignorance générale.*

Passant par l'enfance, j'ai tété le lait de ma bien-aimée mère qui, quoique pauvre et illettrée, m'a toujours semblé être fidèle, chaste, économe, vigilante, propre, douce, discrète et respectable, soit

(1) Voir *le Ciel* d'Amédée Guillemin.

La voie Lactée, nébuleuse de notre circonscription sidérale, est le sein matériel de Dieu, d'où sortent et où reviendront, fui après cents et longues décompositions, les soleils, planètes, satellites, comètes, minéraux, végétaux, animaux et nous mêmes en germes.

Le sein spirituel de Dieu est situé en dehors du matériel, autres soleils, planètes, satellites et comètes.

auprès de mon pauvre, illettré et honoré père corporel, soit auprès des personnes à qui elle vendait les viandes de porc et les vins du Languedoc, ou à qui elle achetait des objets utiles et nécessaires à notre commerce ou à notre subsistance (1).

A partir de ma naissance je suis progressivement passé par tout ce que le gouvernement français exige que l'on traverse : d'abord par l'inscription, à la mairie, de mon arrivée dans le monde, et ce, conformément aux articles 55, 56 et 57 du code civil français, si toutefois le père du nouveau-né veut éviter de tomber sous le coup d'un délit prévu et réprimé par l'article 346 du code pénal de la même nation.

Je passai ensuite par le baptême né du sein spirituel (tête) de notre saint frère Jean-Baptiste asiatique, dans le but de me faire enfant de Dieu, car probablement j'étais, en naissant, un enfant du diable.

Je passai par l'éruption des dents de lait ; par le sevrage ; par le bonnet et le pantalon de jeune garçon fendu sur le derrière, en remplacement de la coiffe et de la jupe de jeune fille ; par la chute de mes premières dents ; par l'école primaire renfermant, depuis

---

(1) Mon père, André Germa, négociant et charcutier, est décédé à Villefranche-Lauragais, le 12 mars 1841, à l'âge de cinquante-neuf ans.

Ma mère, Louise-Elisabeth Andrau, est décédée au même lieu, le 24 décembre 1863, dans la soixante et quinzième année de son âge.

l'*A b c*, une très-petite instruction et éducation ; par le catéchisme catholique et apostolique romain, contenant des mystères, au lieu de renfermer des choses nettes, claires et compréhensibles; par la prière à Dieu de venir régner à la surface de notre planète, née du sein spirituel (tête) de notre frère Jésus, considéré par les catholiques comme étant le créateur, le maître, l'équilibreur et le gouverneur de la vie éternelle et universelle ; par les croyances nées des seins spirituels (têtes) des apôtres asiatiques ; par les autres prières nées des seins spirituels (têtes) des descendants de ces derniers; par mes récréations enfantines consistant en des jeux innocents et tout à fait désintéressés (cerf-volant, cerceau, bulles de savon, sauts, palet, corde, paume, boules, boutons, épingles, toupies, quilles, quatre-coins, main-chaude, colin-maillard, barres, métiers, etc.) ; par la première confession, ou accusation de péchés que mon ignorance générale alors n'avait point encore imaginés ni perpétrés ; par ma première communion, consistant à recevoir, non point dans mon sein spirituel (tête), mais bien dans mon sein matériel, à partir de la bouche jusqu'au bassin, le corps et le sang d'une personne divine bien pure, bien réglée, bien harmonisée, tout à fait maîtresse d'elle-même, pouvant se passer de tout le monde, du corps des sciences, du corps des arts et des beaux-arts, du corps des métiers, de la sage-femme, du médecin, du pasteur et du juge ; par ma confirmation consistant, au moyen de quelques paroles, à faire pénétrer

dans mon sein spirituel (ma tête ou cervelle), le
Saint-Esprit, comprenant la sagesse, l'intelligence, le
conseil, la force, la science, la piété et la crainte de
Dieu; par des études d'avoué, où se trouvait un
remède servant à purger les biens de dette; par la
nage; par la pêche; par le billard; par les cartes;
par le loto; par les quilles; par les dominos; par
les dames, ou jeu polonais, etc.; par l'atelier de tannerie et de corroierie, où j'apprenais à préparer les
cuirs et les peaux destinés à ceux qui font des chaussures pour l'humanité; par la sellerie, l'harnacherie,
la carrosserie, métiers utiles et nécessaires pour la
commodité des cavaliers et des voituriers; par la
peinture; par le conducteur de voitures; par la
marine où, pendant sept ans, j'ai appris le savoir-
vivre et où pendant ce temps j'ai pu voir de mes
propres yeux des mers, des continents, des volcans,
des îles, presqu'îles, isthmes, caps, montagnes,
côtes, coteaux, plateaux, collines, vallées, vallons,
défilés, cols, falaises, dunes, bancs, écueils, récifs,
golfes, baies, rades, ports, détroits, archipels, lacs,
étangs, fleuves, rivières, vents, ouragans, tempêtes,
nuages, sereins, rosées, brouillards, pluies, neiges,
grésils, grêles, tonnerre, éclairs, foudres, arcs-en-
ciel, aurores boréale et australe, éclipses totales ou
partielles de la lune et du soleil, des végétaux, des
minéraux, des animaux, des hommes et des femmes
de diverses petitesses, grandeurs, formes et couleurs,
ayant des mœurs, des costumes, des habitudes, des
langages et des croyances différents les uns des

autres (1). C'est pendant ce service que mon corps a souvent, et quand il était canotier, reçu des ondées salées et des grains rapides lancés des nues ; c'est là que ma personne a été incessamment ballottée, même lorsqu'elle reposait dans le hamac qui lui servait de couche ; c'est là que mon corps a constamment, pendant sept années, lutté avec les froids, les chaleurs, les maladies, les épidémies, le choléra, le scorbut, la dyssenterie et les ouragans avec leurs hurlements, menaçant sans cesse d'engloutir dans l'abîme ; c'est là, et dans la Crimée, que mon corps, dans la journée du 17 octobre 1854 (l'an 26 de ma naissance), s'est trouvé, pendant six heures, au milieu d'une grêle de boulets perçant, brisant et partageant tout ce qui se trouvait sur leur passage ; et enfin congédié de la flotte française avec des certificats de bonne conduite, je suis entré, toujours au service de mon père l'Etat français, dans le greffe du Tribunal de première instance de Villefranche-Lauragais, où depuis seize ans, et sous la dictée d'un juge d'instruction, j'inscris les confessions, ou les accusations des péchés perpétrés par les criminels, les délinquants et les contrevenants.

Né, sans nul doute, pour aider au double travail à la fois naturel et spirituel, j'ai aidé et j'aide depuis ma deuxième enfance, sans murmurer et sans m'in-

---

(1) Voir la cosmographie, la météorologie, l'astronomie et l'histoire naturelle comprenant la minéralogie, la botanique et la zoologie.

quiéter, aux divers travaux physiques et intellectuels, plus ou moins rudes et pénibles, plus ou moins doux et légers, utiles et nécessaires dans la vie de l'humanité.

Avec patience, résignation, amour et bonne volonté, j'ai *obéi* à mes *père* et *mère ;* à mes *maîtres d'écoles* (ou *instituteurs* ou *pasteurs*)*;* à mes *patrons, contre-maîtres* ou *chefs d'atelier ;* aux *maîtres, seconds maîtres, quartiers maîtres, chefs de pièces* et *officiers de la marine française ;* au *greffier du Tribunal de Villefranche-Lauragais* et aux *divers magistrats* qui ont *siégé* dans ce *dernier palais ;* et, sans cesse, j'ai exécuté et j'exécute avec amour, conscience et bonne volonté, les divers travaux auxquels Dieu m'a appelé, soit comme *aide-tanneur,* soit comme *sellier, carrossier* et *harnacheur,* soit comme *peintre, vernisseur* et *conducteur de véhicules,* soit comme *marin,* soit comme *commis-greffier,* soit enfin comme *philosophe, moraliste, économiste, théologien* et *métaphysicien.*

Toujours j'ai été content comme je suis et serai toujours satisfait de la situation où j'ai été, suis et serai placé en ce qui touche néanmoins le beau, le vrai et le bien existant dans le mouvement de l'humanité.

A mon départ de l'ignorance générale vers l'intelligence totale, n'ayant point été placé, comme on place les riches dès leur naissance ou enfance, sur la voie de l'intelligence progressive, j'ai eu, pour arriver sur ce premier chemin, à traverser la route des travaux rudes et pénibles ; et grâce à Dieu, car je n'avais pas d'autre guide, j'ai pu, heureusement pour ma personne, conserver la virginité de mon casier judiciaire ; et plus tard, en traversant le chemin du vrai, du beau et du bien que je rencontrai, mon sein spirituel (ma tête) s'emparant de quelques substances découvertes sur cette dernière route (1), perdit tout naturellement sa virginité et, par suite, son ignorance ou son esprit arriéré.

A partir de cette conception intellectuelle, j'ai eu la faculté de juger sainement des choses et, depuis, j'ai eu une force suffisante et apte à pouvoir me faire conserver mon honneur, ma santé, mon petit bien-être et ma sage liberté. Et enfin cette substance spirituelle m'ayant procuré une grande satisfaction, je me livrai souvent à elle, si souvent que ma tête finit par en être embarrassée, et forcément, par suite, je dus, avant de m'en délivrer, attendre la transsubstantiation de cette substance spirituelle en corps (2), la fécondation et son arrivée à terme.

L'humanité tout entière apprendra, par mon annonce, que ma tête n'est plus vierge ou ignorante ; car déjà elle a fait plusieurs petits livres, ou corps spirituels, lesquels sont appelés à croître, à grandir, à se développer, à se former, à se modifier, à s'em-

---

(1) Substances recueillies par mes délicieuses méditations et pensées, après en avoir recueilli aussi sur les bons livres scientifiques de vrai, de beau et de bien.

(2) En livres spirituels.

bellir, à se perfectionner, à vieillir, à mourir et à renaître, car la vie, soit matérielle, soit spirituelle, et quoique cette double vie meure à tout âge, est éternelle et universelle. Des germes il en arrive des corps, et ces corps redeviennent germes.

Quoi qu'il en soit, ne pouvant pas, par la force des choses, posséder la diversité de mets délicats, de desserts agréables et des boissons délicieuses, je me contente d'aliments et de breuvages communs. Ne possédant pas d'abris splendides, de riches appartements, de superbes véhicules pour les voyages d'agrément, de riches vêtements, d'objets de toilette, d'ornements et d'amusements, des titres (1), des honneurs (2) et des gloires, je me contente d'être tel que je suis et tel que je serai, tant sont difficiles les sentiers de la vie de l'humanité qui, aujourd'hui surtout, se trouve située entre son ignorance générale et son intelligence totale. N'ayant point été appelé pour commander, je dois obéir à mes chefs et aux bons conseils que ma tête a découverts partant directement du haut vers le bas. Je respecte tout ce qui, de progrès en progrès, à partir de l'ignorance

---

(1) Commis greffier, et j'en suis satisfait.

(2) Enregistré à la grande chancellerie de la Légion d'honneur sous le numéro 3,473, comme titulaire de la médaille de Crimée où, en qualité de fils du gouvernement français, j'étais à mon poste et j'ai fait mon devoir devant les forts de Sébastopol l'an 26 de ma naissance (17 octobre 1854), et en présence du signal flottant à la cime du grand mât du vaisseau *la Ville-de-Paris* (amiral Amelin) : *La France vous regarde!...*

générale de l'humanité vers son intelligence totale, a été établi et institué dans le mouvement de sa vie, comme j'aurai de la vénération pour tout ce qui progressivement s'y établira et s'y instituera. Je ne suis passionné en rien, ni pour rien, un peu seulement pour le bien de tous, le beau, le vrai, l'harmonie, l'ordre, l'union, l'accord, la richesse générale, le bien-être, la santé et la sage liberté de l'humanité. J'aime Dieu, par conséquent j'aime tout le beau, le bien et le vrai qu'il a créés, et je plains le mal, le laid et le faux, si toutefois Dieu est aussi le créateur de ces diverses choses ; j'aime tout ce qui est bon, soit dans le corps céleste qui, avec harmonie, se meut, vit, meurt, meurt de nouveau, naît, et renaît éternellement et universellement dans l'immensité qui nous étonne, ravit et fait penser, soit dans le corps minéral, soit dans le corps végétal, soit dans le corps animal, soit dans le corps humanitaire, corps qui, aussi, se meuvent, vivent, meurent, naissent, meurent de nouveau et renaissent éternellement et universellement à la surface des planètes non frappées de stérilité.

J'aime le corps minéral qui nous a fourni et nous fournit des outils, instruments, ustensiles, bijoux et objets de toute nature de diverses petitesses, grandeurs, formes et couleurs, utiles et nécessaires au corps des métiers, au corps des arts, au corps des beaux-arts, au corps des sciences, aux corps enseignant, administrant, réprimant et gouvernant:

Outils, instruments, ustensiles et objets propres à

défricher, miner, arracher, couper, scier, frapper, trancher, hacher, suspendre, labourer, semer, planter, faucher, tailler, greffer, ramasser, épurer, presser, transporter, peigner, laver, préparer, construire, détruire, arranger, embellir, modifier, transformer, perfectionner, coudre, moudre, écrire, lire, parler, pétrir, cuire, rôtir, bouillir, boire, manger, soulager, divertir, chasser, pêcher, opérer et enterrer.

J'aime les bêtes généreuses à l'égard desquelles il faut bien se comporter parce qu'elles labourent nos champs et nos vignes, fécondent nos moissons, remplissent nos chais, nos caves, nos galetas et nos greniers; transportent nos lourds fardeaux et nous-mêmes et qui, avec d'autres animaux domestiques et de basse-cour, nous donnent leurs chairs, leur lait et leurs œufs pour aliments ; leurs laines pour nous couvrir ; leurs plumes et leurs laines pour nos couches moelleuses ; leur flair pour chasser; leurs cuirs pour chaussures ; leurs cornes, leurs dents et leurs os pour être transformés en objets d'ornements de luxe, d'amusements ou d'utilité.

J'aime le corps végétal qui, faisant fusion avec les autres corps, nous donne du bon pain, de bonnes viandes, d'agréables mets de diverses espèces et qualités, d'excellents gâteaux, bonbons, fruits, friandises, liqueurs et vins exquis de diverses races, espèces et variétés; de beaux meubles, de magnifiques tableaux, de belles glaces, de superbes photographies; de beaux vêtements, chaussures, coiffures, linges; pare-chaleurs, pare-froids, pare-pluies et pare-foudres ; le tout de diverses petitesses, grandeurs, grosseurs, forces, finesses, formes et couleurs.

J'aime les valides et invalides laborieux du haut, du bas et du milieu, qui ont aidé, aident et aideront à un travail utile dans la vie humanitaire, soit physique soit intellectuel.

J'aime les sciences, les arts, les beaux-arts et les métiers mécanico-électriques et autres ; j'aime le corps enseignant, le corps littéraire, le corps commerçant et industriel, le corps réprimant, le corps administrant et le corps gouvernant.

J'aime les bals honnêtes, les théâtres dignes, les festins prudents et modérés ; la table sobre, saine, propre et élégante ; les paroles et les écrits intellectuels et moraux ; les plaisirs bien réglés, prudents et décents ; les illuminations et les feux d'artifice splendides et riches ; les musiques mécanico-électriques ou autres, et les chants ravissants ; tous les amusements de vrai, de beau et de bien.

J'aime le maniement des armes dans le cas où il faudrait s'en servir dans la nécessité d'une légitime défense et contre toute attaque brutale ou féroce, maniement qui, aussi, est utile pour la procuration des chairs alimentaires.

J'aime ceux qui, avec attention, tendresse et douceur, soignent les infirmes et les invalides, jeunes, vieux et à tout âge, se trouvant dans un état de décrépitude ou de cécité, ou de surdité, ou de paralysie totale, ou d'hémiplégie.

J'aime ceux qui plaignent et secourent ceux qui

sont nés, naissent ou naîtront avec des infirmités et des difformités (bossus, aveugles, sourds-muets, manchots, culs-de-jatte, idiots).

J'admire ceux qui ont soulagé, soulagent et soulageront avec affection, tendresse et douceur, les soldats et les marins blessés, les malades indigents et les vieillards de l'un et de l'autre sexe qui n'ont ni asile ni vêtements, ni moyens de subsistance.

Je contemple et j'aime les enfants, les filles, les garçons, les hommes et les femmes vêtus proprement, bien ornés et bien costumés, et très-propres à l'intérieur comme à l'extérieur.

J'aime ceux qui n'exploitent point les autres et qui ne cherchent point à obtenir des services rudes et pénibles en rabais.

J'aime et j'admirerai ceux qui observeront mes sublimes enseignements, mes bons conseils partant du haut vers le bas.

J'aime et j'aimerai ceux qui fréquenteront mon Eglise éternelle et universelle, dont la voûte est à des milliards de lieues au-dessus de notre planète.

Je plains les fanatiques, les têtes sombres, sans lumière ou avec très-peu de clarté.

Je plains les athées qui nient l'existence de Dieu, le Créateur de l'harmonie qu'a retrouvée notre astronomie.

Je plains les valides du haut, du bas et du milieu de ne point aider les valides du haut, du bas et du milieu dans les travaux physiques et intellectuels, utiles et nécessaires dans la vie humanitaire.

Je plains les laborieux du haut, du bas et du milieu de ne point rendre laborieux et de ne point lancer leurs adolescents et valides enfants dans un travail physique ou intellectuel, utile ou nécessaire dans la vie humanitaire.

Je plains ceux qui, du bas vers le haut, demandent l'arrivée d'un règne qu'ils auront par l'observation des bons conseils qui, découverts par la tête de Germa, partent directement du haut vers le bas.

Je plains ceux qui, dans le but d'augmenter leur fortune, cherchent à obtenir des travaux rudes et pénibles en rabais.

Je plains les valides enfants qui, pourvus de quelques moyens de subsistance, ne donnent pas des aliments à leur père et mère et autres ascendants qui sont ou invalides ou dans le besoin (1).

Je plains les époux qui, mutuellement, ne conservent pas leur fidélité jurée, qui ne se secourent pas et qui ne s'assistent point.

Je plains ceux qui sèment le genre humain sur les propriétés d'autrui et qui, ensuite, en méconnaissent le produit (2).

Je plains l'homme mou, imprudent, indécent et faillissant à ses devoirs d'époux et de père s'il l'est devenu par sa volonté et par la fécondité de sa chère moitié.

---

(1) Voir les articles 203 et suivants du code civil français.
(2) Voir l'article 336 et suivants du code pénal français; et voir aussi le neuvième commandement apporté par Moïse.

Je plains la femme sale, indécente, dissipée et passionnée, soit pour les amours, soit pour les jeux, soit pour les caquets, soit pour les friandises, soit pour les alcools, soit pour les tabacs, vices qui font le malheur des ménages.

Je plains ceux qui se livrent à la danse honteuse et scandaleuse aux jambes en l'air, aux rapprochements indécents dont l'usage immodéré brise la santé, réjouit les vicieux et compromet les innocents.

Je plains ceux qui participent aux paroles laides, fortes et grossières, ainsi que ceux qui se livrent aux chants vils, criards et obscènes.

Je plains ceux qui se livrent aux amours ignobles, tyranniques, polygamiques et polyandriques, dont l'usage excessif est un brise-poitrine, un casse-tête et un tueur de santé.

Je plains ceux qui se jettent à travers cette prostitution grossière, brutale, sale et dégoûtante, source de plaies hideuses, de maladies repoussantes, affreuses et déplorables.

Je plains les passionnés chiqueurs, priseurs et fumeurs de tabacs, dont l'usage démesuré est un cancer et un poison lent qui finit peu à peu par atrophier le sein spirituel (la tête).

Je plains ceux qui boivent avec excès l'eau-de-vie, le rhum, le cognac, l'absinthe et autres boissons alcooliques dont l'usage outré est un poison qui tue peu à peu l'esprit humain, et qui, conséquemment, absorbe les facultés, brûle, corrode le corps, éteint la mémoire, annule tous les sens, abrutit, hébête et rend méchant ou brutal, ou idiot (1).

Je plains ceux qui, dans le but d'augmenter leurs fortunes ou leur bien-être, ou d'avancer dans les grades, souhaitent ou prient Dieu de faire arriver des guerres, des combats et des luttes à outrance, beaucoup de décès à tout âge et la diversité de maladies et de procès de toute nature, criminels, délinquants et contrevenants à l'infini.

Je plains ceux qui s'enragent, menacent et injurient Dieu quand la toute-puissante atmosphère, tantôt sereine, douce et belle, tantôt rageuse, furieuse et laide, a causé des ravages sur quelques propriétés.

Que ferait quelqu'un de nous, à la place de Dieu, quand, *dans une même ville* ou *dans un même village*, et *pour le même jour*, on lui réclamerait la pluie, un temps sec et sans soleil, un temps serein, radieux et sans nuages, un vent soufflant de tel point cardinal, un vent soufflant d'un autre point? — Ce quelqu'un de nous ne serait-il pas fort embarrassé pour contenter tous les désirs quotidiens existant dans la même ville ou dans un même village de notre planète?

La cause de tous ces mécontentements quotidiens,

---

(1) Voir les *Délassements du travail* de Maurice Cristal; voir le rapport du docteur Jolly de l'Académie; voir le *Formulaire médical* de De Bruc; voir la *Théologie* de l'abbé Bourgeois; le *Décret de l'amour* de Weill; la *Vie de plaisirs* du R. P. Déchamps.

de nos désordres, de nos désunions et de nos désaccords, en tout et pour tout, se trouve entre l'ignorance générale et l'intelligence totale de l'humanité.

Le contentement, l'ordre, l'union et l'accord dans l'humanité n'arriveront que lorsque ce dernier grand corps de vie aura généralement adopté la seule et unique foi de Germa.

Si les valides du haut, du bas et du milieu voulaient aider aux valides du haut, du bas et du milieu dans les travaux physiques et intellectuels, utiles et nécessaires au bien-être, à la santé, à la richesse générale et à la sage liberté de l'humanité, Dieu seul se chargerait, sur les quatre quarts de l'ouvrage, d'en faire les trois quarts avec sa toute-puissante atmosphère, tantôt sereine, douce et belle, tantôt rageuse, furieuse et laide, dont la météorologie s'occupe à retrouver son harmonie, comme l'harmonie de notre famille céleste a été retrouvée par notre astronomie.

Et, ceci posé, je dis qu'il faut que chacun se contente de ce qui arrive et de la situation où il se trouve placé ; qu'il faut nous aimer les uns les autres autant que faire se pourra, fraternellement, prudemment et simplement, et non d'une façon étrangère, indécente et grossière ; qu'il faut nous aider et nous soulager les uns les autres dans tous les travaux utiles et nécessaires à notre bien-être, à notre santé, à notre richesse et à notre sage liberté, mais avec cette précision que chacun, sans murmurer et sans s'inquiéter, doit et devra exécuter le travail auquel

Dieu l'a appelé ou l'appellera, travail plus ou moins rude et pénible, travail plus ou moins doux et léger; qu'il faut ne pas faire aux autres ce que nous ne voudrions pas que les autres nous fassent ou ce que nous n'aurions pas voulu que les autres nous fissent; ou bien, qu'il faut faire à autrui ce que nous avons voulu qu'autrui nous fît et ce que nous voulons qu'autrui nous fasse.

Et je suis d'avis que l'homme, non pas l'enfant, ni le jeune adolescent encore, doit, avec règlement et modération, goûter un peu de tout ce qui est bon, vrai, beau et bien, et de façon à ne porter nul préjudice à son double sein à la fois matériel (abdomen ou bassin) et spirituel (tête ou cervelle), ni au double sein d'autrui; qu'il doit devenir le maître de son double sein et acquérir, comme maître Germa, la force nécessaire pour pouvoir modérer ce double sein, les maîtriser, les régler, les harmoniser et bien les gouverner; qu'il doit, en un mot, tout en aidant à un travail utile dans la vie humanitaire, soit physique, soit intellectuel, devenir comme Dieu veut et désire qu'il devienne, le maître, le médecin, le pasteur et le juge de son entier corps à la fois matériel (abdomen-bassin) et spirituel (tête-cervelle).

Je reconnais que le sexe féminin, délivré de l'adolescence, n'a point été créé par Dieu pour être délaissé et repoussé par le sexe masculin libéré de ce même âge, et que ce dernier sexe non plus n'a point été mis au monde par Dieu pour qu'il soit abandonné et renvoyé par le premier sexe.

Par suite donc, je reconnais, comme base fondamentale de la société et du mariage, l'amour conjugal et le mariage chrétien devant l'officier de l'état civil et en conformité du code civil français.

Je suis d'avis, toutefois, que chaque être humain, délivré de l'adolescence, doit être laissé avec sa liberté de s'unir légitimement ou de rester célibataire. Dans ce dernier cas, j'estime que la personne vivant dans le célibat ne doit point porter un préjudice à son double sein ni au double sein d'autrui. Je reconnais comme très injuste le préjudice réellement porté dans l'adultère, et je crois que c'est on ne peut plus fâcheux d'être appelé *papa* quand réellement on ne l'est pas et qu'on n'a pas désiré l'être. J'estime, en conséquence, que les articles 336 et suivants du code pénal français soient plus rigoureux que jamais contre ceux qui auront réellement porté un préjudice au mari par un nouveau-né non désiré par celui-ci, et quand ce préjudice sera bien constaté.

J'estime que le garçon ou le veuf, convaincu d'avoir eu un enfant avec une vierge, doit épouser celle-ci, si toutefois cette dernière accepte le mariage; et dans le cas où le garçon ou le veuf, aisé ou riche, refuserait de se marier avec la pauvre mère, j'estime que le père légitime le pauvre enfant et pourvoie à son éducation, à son instruction et à son alimentation jusqu'à l'âge de dix-huit ans.

Quoique d'âge et d'état à pouvoir me marier, je vis encore dans le célibat, tout en suivant les bons et les sages conseils partant du haut vers le bas. Dans cette situation, et quoique reconnaissant comme très-utiles les services d'une ménagère ou domestique, je fais moi-même mes chambres et mon lit, dans le but d'éteindre toute basse critique née de la jalousie des plus petits esprits de mon pays. Sachant coudre et laver, je soulage parfois, mais seulement chez moi, la couturière et la laveuse. Quoique je n'aie jusqu'à ce jour donné du travail à une sage-femme, ni à un notaire, ni à un huissier, ni à un avocat, ni à un avoué, et quoique j'aie très-peu occupé le maire, l'instituteur ou le pasteur, le médecin et le pharmacien, je reconnais néanmoins tous ces métiers comme une grande utilité dans la vie de l'humanité.

Et maintenant que la situation et la conduite de ma personne au double sein sont connues, je termine l'analyse de mon passé et de mon présent en conseillant à tous les êtres humains, formant l'humanité tout entière, d'aller avec Brahma, si vous aimez Brahma; d'aller avec Bouddha, si vous aimez Bouddha; d'aller avec Abraham, si vous aimez Abraham; d'aller avec Hésiode, si vous aimez Hésiode; d'aller avec Homère, si vous aimez Homère; d'aller avec Moïse, si vous aimez Moïse; d'aller avec Pythagore, si vous aimez Pythagore; d'aller avec Jésus, si vous aimez Jésus; d'aller avec Mahomet, si vous aimez Mahomet; d'aller avec Luther, si vous aimez Luther; d'aller avec Calvin, si vous aimez Calvin; d'aller avec Zwingle, si vous aimez Zwingle; et d'aller avec Germa, si vous aimez Germa; et, dans ce dernier cas, tous les êtres humains doivent se munir, à titre de souvenir, du portrait de Germa et de tous les livres qu'il fera.

Comme vous le concevez très-bien, chère humanité, Germa est un nouveau pasteur, mais encore sans troupeau, et je suis satisfait de n'avoir que ma personne à garder, et je crois que c'est assez, tant est rude et pénible ce métier.

L'AVENIR
DE
L'AUTEUR DU GERMANISME.

Si ma personne conservait la force et la prudence jusqu'au point de l'opiniâtreté à ne pas vouloir se semer, ou éveiller celui, celle, ou ceux qui, de toute éternité (éternité, c'est le mot, puisque celui, ou celle que je ferais naître, ne se souviendrait pas d'avoir vécu avant sa naissance), dort, ou dorment profondément dans l'heureux séjour où ma personne en germamatériazoïdes se trouvait, avant son réveil au milieu des plaisirs et des maux qui se chassent, l'un l'autre, comme l'électricité dans les airs, comme les flots sur les mers, ma personne, dis-je, ne viendrait pas de germe en germe participer au règne de Dieu qui doit arriver à la surface de notre planète avant la mort de celle-ci ; et, forcément, ma personne retournerait dormir dans le bienheureux endroit où elle était avant d'avoir été réveillée par un *pauvre* tracassier que, de bon cœur, je remercie d'avoir agi ainsi, puisque à sa place j'aurais fait comme lui.

Dans le lieu où ma personne en germamatériazoïdes se trouvait dormant profondément de toute éternité, je n'obéissais, ni ne commandais ; je n'exécutais aucun travail, soit physique, soit intellectuel ; je n'éprouvais nul contentement, aucune satisfaction, nul plaisir ; je ne supportais et n'avais à redouter ni des maux ni des maladies ; je n'avais à craindre ni des douleurs, ni des tracas, ni des regrets, ni des soucis, ni des pleurs ; je n'avais point la vie et la mort à traverser, et enfin j'étais complétement libre et heureux.

Ce lieu était donc un bonheur ; et puisque cet endroit était un délicieux séjour, ma personne devait faire tout son possible pour ne point en chercher un autre (1).

Quoi qu'il en soit néanmoins, ma personne remercie de bon cœur *celui qui*, par la *substance dénuée d'intelligence et de liberté* (Germamatériazoïdes) l'a éveillée dans le monde en désaccord et divisé où elle est jusqu'à sa mort, car à sa place elle aurait fait comme lui ; et ma personne aussi remercie de bon cœur *celui qui*, par la *substance douée d'intelligence*

---

(1) Le mariage est la base fondamentale de la société. L'amour conjugal est la base fondamentale du mariage. Sans le mariage, la famille universelle disparaîtrait avec le beau, le vrai et le bien qui ont tant coûté à découvrir, à bâtir et à embellir. — Je ne suis donc point contre le mariage légitime, célébré devant l'officier de l'Etat civil, et en conformité du code civil français (voir le *Nouveau Tableau de l'amour conjugal*, par M. J.-H. Prudhon).

et de sage liberté (Germaspiritazoïdes) l'a éveillée pour suivre de bons et de sages conseils partant de haut vers le bas, du ciel vers les surfaces des planètes ~~non frappées de stérilité~~ qui portent des hommes, et pour revenir, si elle ne se sème pas, dans le bienheureux endroit où elle se trouvait avant d'être éveillée, jusqu'à ce qu'un *tracassier riche*, ou *pauvre*, ou *aisé*, vienne l'en réveiller pour, à la surface de notre planète, ou à la surface de l'une de celles qui sont, ou seront disséminées dans l'immensité, revenir vivre, travailler et jouir comme ma personne le fait, sagement, modérément, prudemment, purement et simplement.

Ma personne, sans que je puisse préciser l'époque, mourra, comme ont péri les personnes qui ont porté les noms ou les titres de Brahma, Bouddha, Moïse le sauvé des eaux, patriarches, prophètes, potentats, homme-Dieu, papes, rois, empereurs, Mahomet, saints, sages, méchants, savants et ignorants.

Ma personne mourra comme ont péri, meurent et mourront ceux qui sautent, grimpent, rampent, volent, aboient, miaulent, grognent, hennissent, beuglent, hurlent, bêlent, mugissent, rugissent, grondent, glapissent, coassent, croassent, sifflent, gémissent, roucoulent, gloussent, babillent, ramagent, bourdonnent, marchent, chantent, dansent, parlent, écrivent, prêchent, pèchent, flânent, travaillent, obéissent, commandent, s'insurgent, jurent, trahissent, inventent, trompent, dénoncent, accusent, défendent, dépensent, mangent, dévorent, ramassent, reculent, avancent, enseignent, apprennent, etc., etc.

A la mort de ma personne, dont je ne puis préciser l'époque, je le répète, mon corps dépourvu d'action et de mouvement, par conséquent ne souffrant plus et ne jouissant plus, devra, avec respect, et sous les ordres de l'officier de l'état-civil, être déposé dans une fosse ouverte sur un terrain spécialement consacré à l'inhumation des personnes décédées appartenant au corps de l'humanité, et dans l'endroit même où la mort viendra frapper ma vie.

Afin d'éviter des malheurs qui quelquefois surviennent par l'action de la putréfaction, mon corps devra être déposé dans le sein de la terre et dans une profondeur de 2 mètres sur 8 décimètres de largeur, système métrique en vigueur adopté par la France, où mon corps et mon esprit sont nés (1).

La fosse qui contiendra mon corps devra, par une légère distance, être séparée des autres fosses humaines; et, après le dépôt respectueux de mon corps dans la fosse, celle-ci devra être immédiatement comblée par la même terre qui en aura été extraite.

Mon Dieu, sachant mieux que personne ce qu'il aura à faire de mon corps et de mon âme, trouvera inutile tout discours, tous chants, tous signes, tous gestes, tous baisements et toutes prières en vue de bien placer ces derniers.

---

(1) Voir le *Manuel des officiers de l'état civil*, par MM. Lemolt, avocat, et Biret, ancien magistrat.

Mon corps n'ayant plus d'action et de mouvement, par conséquent ne pouvant plus parler, ni bouger, ni remuer, ni s'élever de ce lieu, des gardiens ne seront nullement nécessaires pour garder l'endroit où mon corps sera inhumé.

Et si quelque être humain, bientôt après mon décès, venait affirmer, sous la foi du serment le plus sacré, que mon corps aura disparu du lieu où il sera enterré, c'est que mon corps aura été exhumé de cet endroit et sera enfoui, ou noyé ailleurs. L'humanité tout entière voudra bien ne point s'arrêter à ce serment qui serait des plus faux et archi-faux.

Si quelque être humain venait affirmer sous la foi du même serment, avoir entendu mon corps parler quelques jours après mon décès et l'avoir vu s'élever dans les airs, je conseille, par anticipation, l'humanité tout entière à ne point croire ce serment qui ne pourrait être prêté que par *un menteur volontaire*, ou par *un rêveur*, ou par *un fou*, ou par *un visionnaire*.

L'humanité tout entière voudra bien repousser celui qui viendrait jurer que *j'étais Dieu*. Que l'humanité apprenne d'ores et déjà que *je ne suis pas Dieu*, et que je serais un *fou*, un *insensé*, si je m'attribuais un pareil titre.

Que l'humanité tout entière sache bien que, pour que l'homme pût porter ce suprême nom, il faudrait que cet homme sût créer des soleils, ainsi que des planètes avec leurs atmosphères, leurs feux, leurs eaux, leurs minéraux, végétaux, animaux et esprits; qu'il pût lancer ces soleils et ces planètes dans l'immensité, à des distances variables et infranchissables, et qu'il sût enfin, au milieu de cette séparation les uns des autres par des millions et par des milliards de lieues, les équilibrer, les harmoniser, les maîtriser et les gouverner.

L'auteur du Germanisme, n'étant pas capable de faire ces grandes choses, n'est nullement *Dieu*, pas même un *homme-Dieu* ; mais pourtant, comme chaque être humain peut le soutenir, il soutient qu'il est un fils de Dieu ; en précisant toutefois que chaque tête de l'humanité ne renferme pas, comme la sienne et comme d'autres têtes savantes de l'Europe, un peu de l'esprit immense de Dieu.

L'humanité voudra bien *repousser celui qui viendrait soutenir qu'au moyen de ma parole* je rendais la vue aux aveugles, la marche aux perclus, les jambes aux culs-de-jatte, la santé aux malades, l'ouïe aux sourds, la parole aux muets, la vie aux morts venant de mourir, le calme aux vents furieux et aux vagues rageuses des mers ; que j'empêchais au tonnerre de gronder, aux éclairs de serpenter dans les airs, à la grêle de tomber, aux épidémies de se répandre, aux guerres d'éclater ; que j'arrêtais le soleil ; que je permettais aux hommes de marcher à la surface des eaux non glacées des mers comme sur un ferme terrain.

Enfin l'humanité voudra bien repousser celui qui viendrait jurer que je suis né du sein d'une femme vierge, et, sans que ce sein eût reçu, conçu et fécondé les *germamatériazoïdes;* car sachez, d'ores et déjà, que le sein, qui, à partir du premier sein créé par Dieu, a, de germe en germe, reçu les *germamatériazoïdes,* a porté quinze corps humains, compris le mien né le treizième, et dont quatre conçus, mais sortis informes, n'ont pu être enregistrés à la mairie de mon pays.

Ainsi donc, mon corps, glacé par la mort, restera dans le sein de la terre où il se décomposera, se réduira en poussière, comme en poussière, ou en cendres, se réduisent les corps minéral, végétal, animal et humanitaire; et mon corps, bien longtemps après son décès, réduit en poussière, sera emporté dans toutes les directions par des vents violents et ira de fossé en fossé, de ruisseau en ruisseau, de rivière en rivière ou en fleuve, aider à fournir, dans le sein matériel de notre planète (fonds des mers), son germe humain pour être, après transsubstantiation, ressuscité corps humain par Dieu à la surface de notre planète, si toutefois et avant sa mort cette dernière doit encore se délivrer du triple corps à la fois minéral, végétal et animal. Dans tous les cas et à la mort de notre planète, celle-ci, longtemps après son décès, décomposée et réduite en germes célestes ainsi que son corps atmosphérique et ses autres corps végétaux, minéraux et animaux, ira fournir tous ces germes dans le grand sein matériel de Dieu (voie lactée), pour être ressuscités et relancés vivants et viables dans l'immensité.

Quant à mon esprit, ou à mon âme, ou à mes

livres religieux, c'est synonyme, il ne sera pas emporté dans la tombe, et, par suite, mon esprit, ou mon livre, restera à la surface de la planète sous la contemplation de la substance spirituelle qui me l'a inspiré, félicitant ceux qui observeront les bons conseils qui y sont consignés, et plaignant ceux qui les mépriseront. Et à la mort de notre planète, les âmes, ou tous les livres scientifiques, moraux et religieux, retourneront en germes dans le sein spirituel de Dieu (tête de Dieu existant à des milliards de lieues au-dessus de la voie lactée) pour être de nouveau conçus, fécondés et ressoufflés dans les têtes humaines ressuscitées à la surface d'une planète non frappée de stérilité.

FIN.

www.ingramcontent.com/pod-product-compliance
Lightning Source LLC
Chambersburg PA
CBHW060514050426

42451CB00009B/982